AF460646

BROUILLÉS

DEPUIS WAGRAM

COMÉDIE-VAUDEVILLE EN UN ACTE

PAR

MM. EUGÈNE GRANGÉ ET LAMBERT-THIBOUST

Représentée pour la première fois, à Paris, sur le théâtre des VARIÉTÉS, le 19 août 1861.

PARIS
MICHEL LÉVY FRÈRES, LIBRAIRES-ÉDITEURS,
RUE VIVIENNE, 2 BIS

1861

Distribution de la pièce

CHAMPEIN, invalide, 64 ans...........	MM. LECLÈRE.
VERGEOT, idem, 66 ans..............	DELTOMBE.
ISIDORE, neveu de Champein..........	GRENIER.
MARIETTE EVRARD, filleule de Vergeot.	Mlle G. OLIVIER.

Paris. — 1853.

Toutes les indications sont prises de la gauche et de la droite du spectateur. Les personnages sont inscrits en tête des scènes dans l'ordre qu'ils occupent au théâtre. Les changements de position sont indiqués par des renvois au bas des pages.

BROUILLÉS DEPUIS WAGRAM

Une cour à l'hôtel des Invalides. Au deuxième plan, face au public, deux jardins d'invalides séparés par un grillage, et occupant toute la largeur du théâtre. A droite est celui de Champein, à gauche celui de Vergeot. Au milieu, devant les deux jardins, un banc de pierre.

SCÈNE PREMIÈRE.

MARIETTE, puis ISIDORE.

MARIETTE, *entrant par la gauche et parlant à la cantonade.*

Encore au réfectoire?... Merci, j'attendrai... Au fait, il n'est que dix heures... C'est l'instant du déjeuner des invalides... Pendant que mon parrain achève de prendre sa nourriture, donnons un coup d'œil à son jardin... (*Entrant dans le jardin de gauche et riant.*) Il appelle ça son jardin!... Enfin, ces pauvr's bonshommes, ça les distrait... (*Elle revient en scène.*)

Air : *En vérité, je vous le dis.* (BÉRAT.)

Ces vétérans, ces vieux troupiers,
Ces vainqueurs jadis intrépides,
Aujourd'hui qu'ils sont invalides,
S'amus'nt à fair' les jardiniers.
En bêchant, en f'sant des semailles,
Ils rêv'nt à leurs anciens lauriers,
Et se rappellent leurs batailles
En inspectant leurs grenadiers.

ISIDORE, *en dehors.*

Le second jardinet à main droite?... Suffit!... je connais les êtres... (*Entrant par la droite, en petite tenue de sergent de voltigeurs et chantant.*)

As-tu vu
La casquette,
La casquette?...

MARIETTE *.

Ah!... mon Dieu!... cette voix... cette figure!... (Le reconnaissant.) Monsieur Isidore!...

ISIDORE, courant à elle.

Mam'selle Mariette!...

ENSEMBLE.

Air des *Barbettes*.

Ah! pour moi, rencontre imprévue!
Vous / Me voilà (*bis*) de retour!...
(A part.)
Mon cœur bat, il bat à sa vue
De plaisir (*bis*) et d'amour!

ISIDORE.

Mariette!... ma petite Mariette!... que je suis content de vous revoir!...

MARIETTE.

En v'là une surprise!... Vous, ici... aux Invalides?...

ISIDORE.

Pas pour mon compte!... Minute!... Toujours au grand complet, je m'en flatte!... Solide au poste!...

MARIETTE.

Vous arrivez d'Afrique?...

ISIDORE.

Ce matin même, de mon pied léger, ***pedibus cum jambis***... Et, dès mon arrivée, je viens rendre visite à mon oncle, le brave père Champein... Il va bien?...

MARIETTE.

Très-bien, Dieu merci!...

ISIDORE.

Et vot' parrain, monsieur Vergeot?...

MARIETTE.

Aussi!... à part ses rhumatismes qui le font souffrir de temps à autre...

ISIDORE.

Ah!... dame!... souvenirs de ses campagnes.

MARIETTE.

Ils sont en train de déjeuner pour le moment. (Elle remonte *.)

ISIDORE.

Occupation respectable!... Faut pas les déranger!... Et vous, mam'selle Mariette, la santé, la couture?...

MARIETTE.

Ça marche, ça boulotte...

* Mar. Isid.
** Isid. Mar.

ISIDORE, *la regardant.*

Oui, oui... encor plus fraîche et jolie qu'avant mon départ, si c'est possible. Ah! cré coquin!... j'ai-t-y des fois pensé à vous là-bas, en faisant la chasse aux Bédouins!... Le temps me durait fièrement, allez!...

MARIETTE.

Je sais ça... Je demandais quelquefois de vos nouvelles à votre oncle... quand je le voyais de bonne humeur... ce qui ne lui arrive pas tous les jours...

ISIDORE.

C'est vrai qu'il est un peu *digonneur*, le cher homme.

MARIETTE.

Mais vous, par quel hasard à Paris?... Vous avez donc obtenu un congé?...

ISIDORE.

Un congé définitif.

MARIETTE.

Définitif?...

ISIDORE.

Ma foi, oui... J'ai payé ma dette au pays... Je rentre dans le civil, je reprends mon ancien état de compositeur d'imprimerie, ateliers de Firmin Didot... et je m'enrôle sous le drapeau de l'hyménée...

MARIETTE, *émue.*

Vous voulez vous marier?...

ISIDORE.

Avec une jeunesse que j'idole depuis l'âge de discernement, la petite-fille d'un brave militaire mort aux Invalides... En un mot, une sage et gentille ouvrière, répondant au nom de Mariette Evrard...

MARIETTE.

Moi!...

ISIDORE.

Avec votre permission, bien entendu.

MARIETTE.

Mon Dieu!... certainement que je la donnerais... et avec plaisir encore...

ISIDORE.

Vrai?...

MARIETTE.

Nous avons été quasiment élevés ensemble; vous êtes un brave garçon, et je crois que vous feriez un bon mari!...

ISIDORE.

Oh!... pour ça, un mari modèle!... Essayez plutôt!...

MARIETTE.

Dame!... je vous le dis, je ne demanderais pas mieux; mais...

ISIDORE.

Mais?...

MARIETTE.

Mon consentement ne suffit pas... Faudrait aussi celui de votre oncle, celui de mon parrain...

ISIDORE.

Eh bien ?...

MARIETTE.

Eh bien !... vous oubliez donc qu'ils sont brouillés ?...

ISIDORE.

Comment !... encore ?... Ça dure toujours ?...

MARIETTE.

C'est pire que jamais !... Quoiqu'ils logent dans le même hôtel, et qu'ils aient leurs jardins à côté l'un de l'autre, ils ne s'adressent pas la parole... ils se regardent comme des... êtres de faïence...

ISIDORE.

Et ça depuis plus de quarante ans !...

MARIETTE.

Oui, depuis 1809... depuis Wagram, à ce que m'a dit mon père... Plus de vingt fois, comme leur ami et leur camarade à tous deux, il a essayé de les raccommoder... mais ça n'a servi de rien...

ISIDORE.

Brouillés !... des vieux de la vieille !... des soldats du même régiment... des enfants du même village... et sans qu'on sache ni pour quoi, ni pour qu'est-ce !... Je vous demande un peu si ça a le sens commun ?...

MARIETTE.

En attendant, nous voilà séparés...

ISIDORE.

Par des haines de famille, comme ces deux amants dont j'ai lu les aventures quand j'étais à l'imprimerie...

MARIETTE.

Quels amants ?...

ISIDORE.

Air : *Des vingt sous de Périnette.*

En maniant le cicéro,
J'appris cett' vieille historiette,
Cell' de certaine Juliette,
Avec certain Roméo.
Ce jeune homme aimait Juliette,
Juliette aimait Roméo ;
Mais les parents de Juliette,
Détestaient ceux d' Roméo.
Eh bien, nous sommes, ô Mariette,
Logés au même numéro ;
Hélas ! vous ét's ma Juliette,
Et moi, je suis vot' Roméo !

MARIETTE.

Je comprends... (Soupirant.) Et je vois bien qu'il faut renoncer à ce projet.

ISIDORE.

Y renoncer?... Jamais!... au grand jamais!...

MARIETTE.

Cependant, que faire?...

ISIDORE.

Aborder carrément la vieille garde... enlever la position à la baïonnette!

MARIETTE.

C'est impossible!...

ISIDORE.

Bah!... laissez donc!... rien n'est impossible à l'amour!... (Bruit au dehors.)

MARIETTE, regardant à gauche *.

V'là qu'on sort du réfectoire... J'aperçois mon parrain qui vient de ce côté...

ISIDORE, regardant à droite.

Et mon oncle qui vient de celui-ci... Passons par le jardin... allons nous concerter ensemble.

ENSEMBLE.

Air : *Scottich de Camille Michel.*

Vers nous le voilà qui s'avance,
Suivez mes / Suivons ses pas (*bis*)
Et parlons bas!
Soyons tous deux d'intelligence;
Par ce moyen, (*bis*)
Tout ira bien!

(Ils s'éloignent par le jardin de droite. On voit arriver au même instant Vergeot par la gauche.)

SCÈNE II.

VERGEOT, puis CHAMPEIN.

VERGEOT, entrant gaiement.

Ah!... me v'là lesté!... L'ordinaire était soigné, aujourd'hui... Je me sens tout guilleret... Eh! eh!... (Il entre dans le jardin de gauche et se met à jardiner.)

CHAMPEIN, entrant par la droite et à lui-même **.

Qué fichu déjeuner je viens de faire!... Toujours des z-haricots!... moi qui ne peux pas les sentir!

* Mar. Isid.
** Verg. Champ.

VERGEOT, l'apercevant, et à part.

Champein!...

CHAMPEIN, voyant Vergeot, et à part.

Bon!... môsieu Vergeot!... ma bête noire! Il sait pourtant ben que c'est l'heure oùs que j'ai l'habitude de jardiner... Pourquoi qu'il jardine, juste à c' moment-là?... C'est donc pour me taquiner, pour me narguer?... (Il entre dans le jardin de droite.)

VERGEOT, à part, l'observant du coin de l'œil.

Allons! qu'est-ce qu'il rumine encore, en me regardant de travers?...

CHAMPEIN, à part.

Après ça, n'ayons pas l'air d'être vexé de sa présence... ça le rendrait trop glorieux... Ratissons nos plates-bandes, sans faire semblant de rien! (Il ratisse.)

VERGEOT, à part.

Voyez seulement s'il desserrera les dents!... (Après un temps et haussant la voix avec intention.) Tiens! mes résédas ont levé!...

CHAMPEIN, à part.

Eh ben, qué qu' ça m' fait, ses résédas?... S'il croit que je m'intéresse à ses mauvaises plantes.... Ah! ah!.... par exemple!... je m'en fiche pas mal!... (Chantant tout en jardinant.)

« Eh! non, non, non,
Vous n'êtes plus Lisette... »

VERGEOT, de même, continuant.

« Eh! non, non, non,
Ne portez plus ce nom!...

CHAMPEIN, à part.

Hein!... le v'là à présent qui chante le même air que moi!... Il m' semble qu'il pourrait bien en choisir un autre! (Fredonnant avec colère.)

« Si l'amour est un Dieu,
C'est dans une chambrette;
Adieu, madame, adieu!..

VERGEOT, continuant.

« En marquise, on vous traite... »

CHAMPEIN, à part.

Encore!... Et puis, pourquoi qu'il dit marquise?... (Reprenant.)

« En duchesse, on vous traite. »

VERGEOT.

« En marquise, on vous traite. »

CHAMPEIN, avec impatience.

Môsieu!... je vous ferai observer que c'est duchesse!

VERGEOT.

Du tout!... c'est marquise!

CHAMPEIN, criant.

Et moi, je vous dis qu'il y a duchesse dans la chanson !... Que diable ! môsieu, si vous m'écorchez les oreilles, n'estropiez pas Béranger !... Béranger est notre poëte national, il a droit à tous vos respects...

VERGEOT.

Eh ! la la... ne vous emportez pas !... je ne songe pas à l'attaquer.

CHAMPEIN.

Cependant, vous ne faites que ça depuis un quart d'heure ! Quand on ne sait pas une chanson, on se tait, môsieu, on se tait !...

VERGEOT.

C'est bon, je me tairai... puisque ça vous fâche.

CHAMPEIN, grommelant.

Hum !... c'est heureux !...

VERGEOT, à part.

Quel rageur !... (Nouveau silence. — Cherchant.) C'est drôle !... je ne trouve pas ma graine d'œillets.

CHAMPEIN, à part.

Sa graine d'œillets !...

VERGEOT.

Je voulais en semer ce matin...

CHAMPEIN, à part.

Compris !... la graine d'œillets, c'est une carotte !... (Haut.) J'en ai, moi, de la graine d'œillets... (Il tend un petit sac à Vergeot.)

VERGEOT, refusant.

Oh !... merci.., je ne voudrais pas vous priver...

CHAMPEIN, d'un air rechigné.

Ça ne me prive pas ! .. Si ça me privait, je ne vous l'offrirais pas ! (A Vergeot qui hésite.) Prenez, prenez !... On peut bien se rendre quéqu's petits services, entre jardiniers...

VERGEOT, à part; avec un soupir.

Entre jardiniers !... (Haut.) Allons, puisque vous le voulez... (Prenant la graine.) En vous remerciant !

CHAMPEIN.

Il n'y a pas d' quoi !...

VERGEOT.

A charge de revanche ! (Il se met à semer la graine.) Et si, de mon côté, je puis vous être utile...

CHAMPEIN, sèchement.

Ben obligé !... j'ai besoin de rien... ni de personne. (A part.) Plus souvent que j' voudrais te devoir la moindre des choses, à toi !... (Regardant ses fleurs. Tiens ! mes rosiers ont soif !... Sapristi !... Et, hier, j'ai cassé mon arrosoir !... Oùs que j' vas en trouver un autre ?... (Il regarde de tous côtés.)

VERGEOT, l'observant.

Vous cherchez quéqu' chose ?...

CHAMPEIN.

Moi?... Non... c'est-à-dire, c'est... c'est mes rosiers qu'ont soif...

VERGEOT.

Et vous n'avez rien pour leur donner à boire?...

CHAMPEIN.

C'est vrai, je n'ai pas d'arrosoir...

VERGEOT.

Eh bien, j'en ai un... prenez le mien.

CHAMPEIN.

Le vôtre?... Non... non...

VERGEOT.

Pourquoi donc?... puisque...

CHAMPEIN.

Je n'ai besoin de recourir à personne, moi!... j'ai d' l'argent, mô-ieu... (Il le fait sonner dans ses poches.) J'ai de l'argent!... On n'a pas, comme vous, deux cent cinquante francs de pension pour la croix... mais on a de quoi acheter un arrosoir!

VERGEOT.

De la fierté!... Alors, reprenez... (Il lui tend la graine d'œillets.)

CHAMPEIN, sortant de son jardin.

Pourquoi que vous me rendez ma graine?...

VERGEOT, de même.

Pourquoi que vous refusez mon?...

CHAMPEIN, s'échauffant.

Parce que ça me plaît!.. Est-ce que je n'en ai pas le droit?... Est-ce que je ne suis pas libre?...

Air : *Je suis soldat.* (BLANCHARD.)

A des emprunts j' rougirais de descendre,
D'un ennemi je n' veux rien recevoir.
J' connais l'histoire, et, de mêm' qu'Alexandre,
D'Artaxerxès je refus' l'arrosoir!
Gardez, môsieu, gardez votre arrosoir!
(Sur la ritournelle, parlé, en sortant.)

J'ai de l'argent, môsieu!... j'ai de l'argent!... et je vais en acheter un... d'arrosoir!... (Il sort par la gauche en grommelant.)

SCÈNE III.

VERGEOT, puis MARIETTE.

VERGEOT, seul.

Eh!... va-t'en au diable!... C'est vrai, cet animal-là me ferait perdre patience!... C'est un porc-épic... on ne sait par où le prendre! (Il s'assied sur le banc.)

MARIETTE, entrant par la droite et à part *.

Le v'là seul !... (Haut et s'avançant.) Bonjour, mon parrain! (Elle s'assied sur ses genoux.)

VERGEOT.

Ah !... tiens! c'est toi, Mariette?... Bonjour, bonjour, mon enfant!... (Il l'embrasse.)

MARIETTE.

Oui, mon parrain, c'est moi... je viens vous voir avant de reporter mon ouvrage... et j'ai quelqu'un à vous présenter.

VERGEOT.

Quelqu'un?...

MARIETTE.

Une ancienne connaissance, un ami qui arrive d'Afrique.

VERGEOT, se levant.

Un ami!... Et qui donc?...

MARIETTE.

Comment, vous ne devinez pas? (Lui montrant Isidore, qui vient d'entrer par la droite.) Voyez!...

VERGEOT.

Isidore!...

SCÈNE IV.

LES MÊMES, ISIDORE.

ISIDORE, s'avançant en faisant le salut militaire **.

Présent !...

VERGEOT, allant à lui.

Ah bah!... ici!... Enchanté de te voir, mon garçon...

ISIDORE, lui serrant la main ***.

Et moi pareillement, père Vergeot.

MARIETTE, gaiement.

Vous ne savez pas?... Il a son congé.

VERGEOT.

Vrai!... tu quittes ton régiment?...

ISIDORE.

Et je compte sur vous pour me donner un nouveau chef de file...

VERGEOT.

Sur moi?... Comment ça?...

ISIDORE.

Tenez, j' vas vous dire la chose en deux temps.

MARIETTE, bas.

C'est ça!... parlez vite!...

* Ver. Mar.
** Ver. Mar. Isid.
*** Mar. Ver. Isid.

VERGEOT.

Explique-toi...

ISIDORE.

Monsieur Vergeot, j'aime Mariette... Mariette m'aime...

VERGEOT.

Ah bah !...

ISIDORE.

Pour lors, je venais vous demander, en votre qualité de parrain, de me la donner en mariage... Voilà !... (Il fait le salut militaire.)

MARIETTE, de même.

Voilà !...

VERGEOT.

Ah çà ! et ton oncle, est-ce qu'il est consentant?

MARIETTE.

M. Champein ?

ISIDORE.

Lui?... Il ne sait rien encore...

MARIETTE.

Mais Isidore espère le décider.

ISIDORE.

Voyons, père Vergeot, qu'est-c' que vous répondez à ça?...

VERGEOT.

Dame !... je réponds... je réponds... (A part.) Ah ! vieux rancunier de Champein, je te forcerai bien à capituler...

MARIETTE.

Eh bien?...

ISIDORE.

Eh bien ?...

VERGEOT.

Eh bien, mon garçon, je suis le parent de la demoiselle; que Champein me fasse sa demande...

MARIETTE.

Ah ! mon Dieu !...

ISIDORE.

Sa demande ?... Quoi !... vous tenez absolument à ce que ce soit lui?...

VERGEOT.

Certainement, c'est dans les usages.

MARIETTE.

Cependant, mon parrain...

VERGEOT, l'interrompant.

Suffit !... C'est mon ultimatum !... (Il passe à droite.)

MARIETTE *.

Alors, plus d'espoir !... Tout est perdu !

* Mar. Isid. Ver.

ISIDORE.

Ne craignez rien; je me charge de lui faire entendre raison.

VERGEOT.

Soit!... ça te regarde!...

ISIDORE, regardant à gauche *.

Le v'là!... Laissez-moi seul avec lui!...

MARIETTE, à part.

Ah!... je ne m'éloignerai pas!...

ENSEMBLE.

Air des *Douze travaux d'Hercule.*

ISIDORE.

C'est son caractère,
D'abord, il criera;
Mais, enfin, j'espère
Qu'il consentira!

VERGEOT ET MARIETTE.

C'est son caractère,
Il s'emportera;
Mais, enfin, j'espère
Qu'il consentira!

(Vergeot s'éloigne par la droite avec Mariette.)

SCÈNE V.

CHAMPEIN, ISIDORE.

CHAMPEIN, entrant par la gauche, un arrosoir à la main, et à part.

Ça m'a coûté quarante sous..... et je n'ai d'obligations à personne!...

ISIDORE, à part.

Allons, ferme!... (Haut, et s'approchant.) Mon oncle!...

CHAMPEIN.

Hein!... quoi!... mon oncle? (Reconnaissant Isidore, et poussant un cri.) Isidore!... (Il laisse tomber son arrosoir.)

ISIDORE.

Eh! oui, pardieu!... c'est moi!...

CHAMPEIN.

Allons, bon!... v'là que j'ai bosselé mon arrosoir!.. (A Isidore.) Que le diable te patafiole!... (Changeant de ton.) Mais embrasse-moi donc!...

ISIDORE.

Volontiers, mon oncle! (Il se jette dans ses bras.)

CHAMPEIN.

Comment, te v'là à Paris?... (Il ramasse son arrosoir, et va le porter dans son jardin.)

* Isid. Mar. Ver.

ISIDORE.

Et pour tout à fait !... Je reprends mon ancien état...

CHAMPEIN, redescendant *.

Ah bah !... tu rentres dans les civils?... tu as assez du soleil d'Algérie ?... C'est pas l'embarras, la guerre aux moricauds... la guerre d'escarmouches, c'est pas des batailles, ça !...

ISIDORE.

Mais, si fait, mon oncle !

CHAMPEIN.

Allons donc !... Parle-moi d'une bataille rangée... comme qui dirait la bataille d'Iéna... C'est là que ça chauffait !... sans compter un brouillard qui vous coupait la figure à quinze pas .. J'avais dix-huit ans, c'était la première fois que j'allais au feu, et je t'avouerai que je n'étais pas trop d'aplomb sur mes quilles... Mais c'est égal, je tirais tout de même... Pif!... paf!... Les balles sifflaient... le canon éternuait... boum !... boum !... Et puis les tambours qui battaient la charge... ran, plan, plan... ran, plan, plan... Et les clairons qui sonnaient... ta ta, ra ta ta, ra ta ta !...En avant !... que crie le maréchal Lannes... Vive l'empereur !... qu'on lui répond... Et allez donc !... Ah ! mille tonnerres !... fallait voir ça !...

Air de *Marianne*.

Quelle mêlée et quelle danse!
Les conscrits f'saient comm' les anciens;
A la baïonnette on s'élance,
Et nous tombons sur les Prussiens.
Ils sont frottés
Et culbutés,
Succès certain,
Et, de plus, quel butin!
Cent drapeaux pris
Aux ennemis,
Trois cents canons,
Sans compter les caissons!
Enfin, tout cède à not' mitraille...
Et j'attrape, à cette affair'-là,
Un' ball' dans l'épaule... Voilà
C' que j'appelle un' bataille!
V'là c' que j' nomme un' bataille!

ISIDORE.

Sans compter celles dont vous ne parlez pas !...

CHAMPEIN.

Ratisbonne !...

ISIDORE.

La Moskowa !...

* Isid. Cham.

CHAMPEIN.

Et Eckmülh !...

ISIDORE.

Et Wagram !...

CHAMPEIN, tressaillant.

Wagram !... (Il va s'asseoir sur le banc.)

ISIDORE, à part.

Le v'là bien disposé, tâchons d'enlever la chose... (Haut.) Dites donc, mon oncle...

CHAMPEIN.

Quoi ?...

ISIDORE, s'asseyant à côté de lui.

J'ai envie de me marier...

CHAMPEIN.

Te marier... toi !... et avec qui ?...

ISIDORE.

Avec la fille d'un ancien camarade à vous... Mariette Évrard...

CHAMPEIN, fronçant le sourcil.

Ah !... la filleule de mósieu Vergeot ?... C'est d'elle que tu es amoureux ?... Eh ben, c'est une honnête jeunesse... Marie-toi, mon garçon... marie-toi... je n'y mets pas d'empêche.

ISIDORE.

Ah ben, oui, mais...

CHAMPEIN.

Mais, quoi encore ?

ISIDORE.

Ça n'est pas le tout de dire : « Marie-toi !... » Faudrait le consentement du parrain de la demoiselle.

CHAMPEIN.

Eh ben ?...

ISODORE.

Eh ben... voilà le hic !... Il exige...

CHAMPEIN.

Il exige ?...

ISIDORE.

C'est-à-dire... il n'exige pas positivement... mais, enfin, il veut, selon l'usage, que ça *soye* vous qui fassiez la demande...

CHAMPEIN.

Moi !... lui parler ?... lui demander quéqu' chose ?... Ne compte pas là-dessus !

ISIDORE.

Mais, mon oncle !...

CHAMPEIN, avec force, et se levant.

Jamais !... que j' te dis !... jamais ! (Isidore se lève aussi.)

SCÈNE VI.

LES MÊMES, MARIETTE, qui a reparu depuis un instant, venant de la droite.

MARIETTE, s'approchant, et avec douceur *.

Monsieur Champein !...

CHAMPEIN.

Elle !... la petite !... (Se radoucissant.) Ah ! tu étais là ?... tu nous écoutais ?...

ISIDORE, à Mariette.

Vous entendez... il refuse...

CHAMPEIN.

Certainement que je refuse... non à cause de toi, fillette... mais à cause de lui... de ton brigand de parrain, que je ne peux pas voir en face... que je déteste...

MARIETTE.

Vous le détestez ?...

CHAMPEIN.

Oui.

ISIDORE.

Mais pourquoi ?...

MARIETTE.

Que vous a-t-il donc fait ...

CHAMPEIN.

Ce qu'il m'a fait ?... ce qu'il m'a fait ?...

MARIETTE.

Apprenez-nous du moins ses torts envers vous...

CHAMPEIN.

Ses torts ?... Eh bien, oui, je vais vous les dire... C'était à Wagram... on se battait .. et crânement, je m'en flatte... S'agissait de porter au prince Eugène, retranché avec sa division de l'autre côté de l'armée autrichienne, un ordre qui devait décider de la victoire... Un général s'approche du 24e des voltigeurs... dont auquel j'étais incorporé... un régiment qui n'allait pas encore trop mal... il se bûchait assez bien dans l'occasion... Il demande trois hommes de bonne volonté pour porter la dépêche... « Présent ! » que je dis en sortant des rangs, ainsi que deux autres camarades... Mais, au même moment, un éclat d'obus m'atteint au bras gauche... « C'est rien !... que je fais... une minute, et je suis à vous ! » Je m'éloigne pour me faire panser... mais, quand je reviens, jugez de ma surprise, de ma colère !... Les trois hommes étaient partis... un autre avait pris ma place !

* Isid. Cham. Mar.

ISIDORE.

Un autre?...

MARIETTE.

Mon parrain?...

CHAMPEIN.

Oui, ton parrain, qu'avait profité de mon absence pour me ire un passe-droit.. Vergeot, qui, par jalousie, par ambion, m'enlevait une occasion de servir mon pays et la réompense qui aurait payé mon dévouement... Voilà ce que, epuis ce jour-là, j'ai sur le cœur contre lui, et ce que jaais je n' lui pardonnerai.

MARIETTE.

A lui, c'est possible!... Mais, moi, suis-je coupable?...

CHAMPEIN.

C'est vrai, au fait... c'est pas sa faute si...

MARIETTE.

Mon père était votre ami... Avant de mourir, il vous a fait urer de veiller sur moi... sur mon bonheur.

CHAMPEIN, attendri.

C'est encore vrai, ça!...

MARIETTE.

Et un brave soldat doit être fidèle à sa parole!

ISIDORE.

Elle a raison, mon oncle.

CHAMPEIN.

Eh! parbleu!... je sais ben tout ça... je ne dis pas le conraire; mais...

MARIETTE.

Songez qu'il ne s'agit que d'une simple démarche...

CHAMPEIN.

Une démarche!... une démarche!... Si vous croyez que ça n'amuse!... Enfin, puisque j'ai promis à ton brave homme de ère, puisqu'il y va de ton bonheur...

ISIDORE.

Vous consentez?...

CHAMPEIN.

Eh ben, oui... je verrai M. Vergeot... je lui parlerai... denain, un de ces jours...

MARIETTE.

Oh! non... aujourd'hui...

ISIDORE.

A l'instant!

CHAMPEIN.

A l'instant?... Vous êtes donc ben pressés?...

MARIETTE.

Dame!...

CHAMPEIN.

Allons, soit!...

MARIETTE, avec joie.

Ah!...

ISIDORE.

Avez-vous des gants, mon oncle?...

CHAMPEIN.

Des gants!... Pourquoi faire?...

ISIDORE.

Pardi!... pour faire la demande...

CHAMPEIN.

Faut que je mette des gants?...

MARIETTE.

Sans doute...

ISIDORE.

C'est l'usage.

CHAMPEIN.

Fiche-moi la paix avec ton usage! (Se calmant.) Enfin, quoi, je mettrai des gants... (Il les tire de sa poche.) puisqu'il faut des gants pour parler à M. Vergeot...

ISIDORE, regardant vers la droite.

Chut!... c'est lui!...

CHAMPEIN.

Lui!... déjà?...

MARIETTE.

Nous vous laissons ensemble...

CHAMPEIN.

En voilà une corvée!...

ISIDORE.

Air de *Strauss*.

Mettez vos gants.
CHAMPEIN, les mettant.
Mettons mes gants.
MARIETTE.
Pas d'airs blessants!
CHAMPEIN.
Pas d'airs blessants!
ISIDORE.
Soyez charmant!
CHAMPEIN.
Je s'rai charmant!
MARIETTE.
Et caressant!
CHAMPEIN, avec humeur.
Et caressant!...

(Isidore s'éloigne avec Mariette par la gauche, Vergeot arrive par la droite.)

SCÈNE VII.

CHAMPEIN, VERGEOT.

VERGEOT, à part, en souriant.

Il était avec les petits... Bon!...

CHAMPEIN, à part.

Satanée commission!... Comment entamer la chose?... (Moment de silence.)

CHAMPEIN, avec emphase, ôtant son chapeau.

Môsieu...

VERGEOT, retirant le sien et sur le même ton.

Môsieu...

CHAMPEIN, à part.

C'est-y humiliant d'avoir à demander quelque chose à ce lapin-là... J'en sue à grosses gouttes, ma parole d'honneur!... (Il s'essuie le front avec son mouchoir.)

VERGEOT, à part.

Ce pauvre Champein... faut l'aider un peu... (Haut.) Couvrez-vous donc, môsieu.

CHAMPEIN.

Je n'en ferai rien, môsieu!... Après vous... (Élevant la voix.) Après vous, puisque je suis parent du côté du jeune homme.

VERGEOT.

Eh bien, couvrons-nous ensemble...

CHAMPEIN.

C'est une idée. (Il se coiffe le premier. Voyant que Vergeot a son chapeau à la main, il s'écrie.) Pourquoi ne vous couvrez-vous pas, môsieu... puisque je suis couvert?

VERGEOT, se couvrant.

C'est bon!... voilà!...

CHAMPEIN.

Vous avez tous les privilèges, puisque vous êtes parent du côté de la jeune personne... D'ailleurs, vous êtes mon aîné.

VERGEOT, à part.

Satané bougon, va!...

CHAMPEIN.

Plait-il, môsieu?...

VERGEOT.

Rien, je vous attends...

CHAMPEIN, grommelant entre ses dents.

Vous m'attendez, vous m'attendez!... C'est que vous avez l'air de marmotter... Pourquoi marmottez-vous?... Du reste, c'est une habitude que vous avez... vous marmottez toujour.

VERGEOT, s'enflammant.

Est-ce que je ne suis pas libre de marmotter si ça me con-vient?...

CHAMPEIN, s'embrouillant.

Si... mais faudrait pas avoir l'air... parce que... Enfin. vous êtes du côté de la jeune personne... n'y a rien à vou dire... vous avez tous les privilèges.

VERGEOT.

Comme ça, c'est à propos de Mariette Évrard que vous dé-sirez me parler?

CHAMPEIN.

Oui, c'est à propos de Mariette Évrard... C'est ce petit im-bécile de Zidore qu'est venu me relancer pour ça...

VERGEOT.

Pour ça, quoi ?...

CHAMPEIN.

Pour ça, quoi?... Pour que je vienne vous trouver...

VERGEOT.

Ah ! bon !... (Il aspire une prise de tabac en passant à gauche.)

CHAMPEIN *, à part.

Il a une manière de prendre du tabac... on dirait qu'il veu me narguer... Il ne m'en offrirait pas, allez, de son tabac !.. Il est vrai de dire que je n'en accepterais pas !

VERGEOT.

Pour lors, paraîtrait que les enfants s'aiment ?...

CHAMPEIN.

A cet âge-là, qu'est-ce que vous voulez qu'ils fassent ?.. qu'ils s'égratignent ?...

VERGEOT, riant.

Ben au contraire... les pauvres petits !... ils sont gentil comme des cœurs... L'amour... Eh! eh !... j'ai connu ça (Il finit sa prise.)

CHAMPEIN, à part.

A-t-il assez l'air d'un homme qui a connu l'amour !... S ça ne fait pas mal, mon Dieu, si ça ne fait pas mal !

VERGEOT, suivant sa pensée.

Je me rappelle une certaine Madeleine Biroux...

CHAMPEIN.

Madeleine Biroux... la fille à Biroux le meunier ?...

VERGEOT.

Une grosse commère... Eh ! eh !...

CHAMPEIN.

Une rude fille... c'est vrai tout de même. (A part.) Je lui fai-sais la cour, et c'est lui qui... Il a toujours été veinard, ce secot-là !...

VERGEOT.

Qu'est-ce que vous avez à rognonner ?

* Ver. Cham.

CHAMPEIN, s'échauffant.

Je ne rognonne pas, môsieu... je vous prie de remarquer que, depuis une heure, vous cherchez à me picoter, à me dire des choses... Je ne vous réponds pas, parce que j'ai un bon caractère ; mais vous me picotez... vous me picotez !...

VERGEOT, à part.

Oh ! quelle patience !...

CHAMPEIN, à part.

V'là le moment de la demande... avalons la pilule. (Haut.) Môsieu... mon neveu Zidore... qu'est un brave garçon... et le fils de ma sœur... mon neveu Zidore veut se marier... il a raison ou il a tort, c'est ce que l'avenir lui apprendra... parce qu'avec les femmes faut s'attendre à tout.

VERGEOT, vexé.

Mais... il me semble que ma filleule...

CHAMPEIN.

Est un ange... oui, môsieu... remarquez que je dis que votre filleule est un ange... Il ne faudrait pourtant pas avoir l'air de me faire dire ce que je ne dis pas !

VERGEOT.

Moi ?... Mais pas du tout... c'est vous qui venez de me dire...

CHAMPEIN.

Je dis que Mariette est une bonne fille, travailleuse, économe, et, comme je suis l'oncle de mon neveu Zidore, je viens vous demander... si vous voulez bien... puisque vous êtes le parrain de la petite... et remarquez bien que c'est moi qui viens vous trouver... et, si je viens vous trouver, c'est que c'est l'usage que ce soit le parent du côté du garçon qui vienne trouver le parent du côté de la jeune fille... Du reste je ne vois pas pourquoi on refuserait mon neveu... c'était un bon soldat qui ne boudait pas...

VERGEOT.

Je le sais.

CHAMPEIN.

Et, comme ouvrier... c'est un gaillard qui... Et remarquez bien que si je dis tout ça de mon neveu, c'est que je le pense... Je ne suis pas homme à faire mousser comme ça ma marchandise... Zidore serait un mauvais sujet, que je lui dirais : « Zidore, tu n'es qu'un mauvais sujet... je ne suis pas ton oncle... tu n'es pas mon neveu... je te renie... va-t'en !... va-t'en !... » Voilà ce que je lui dirais... mais Zidore est un brave garçon...

VERGEOT.

Je le sais.

CHAMPEIN.

Et je suis venu vous trouver... oui, moi, Champein, je suis venu vous trouver... Qu'est-ce que vous dites ?...

VERGEOT.

Rien.

CHAMPEIN.

Eh ben, voyons... est-ce une affaire arrangée ?... Répondez... (Criant.) Pourquoi ne répondez-vous pas ?... Est-ce que ça vous déplait ?... Si ça vous déplait, pourquoi ne le dites-vous pas ?...

VERGEOT, à part.

Ah ! le diable d'homme !... le diable d'homme !...

CHAMPEIN.

Mon neveu a quitté son régiment... avec de bonnes notes aimé de ses chefs et estimé... Entendez-vous? estimé de tout le monde...

VERGEOT.

C'est mon avis.

CHAMPEIN.

Ça n'est pas lui qui aurait pris la place d'un camarade...

VERGEOT.

Champein !...

CHAMPEIN.

Ce n'est pas lui qui aurait profité de l'absence d'un ami d'un ami d'enfance... pour lui voler une place d'honneur !

VERGEOT.

Voler !... Champein, prends garde !... voilà longtemps que je te passe bien des choses... mais... c'tte fois... prends garde !...

CHAMPEIN, tremblant de colère.

Ce n'est pas lui qui aurait profité de ce qu'un ami... un enfant du même village... se faisait panser une égratignure à l'ambulance pour se faire inscrire à sa place...

VERGEOT.

Malheureux !...

CHAMPEIN.

Air : *Je n'ai pas vu ces bosquets.*

Car le danger était grand... Mais, au r'tour,
J' te vois encor... chacun t' fête et t'embrasse !...
Le général met à l'ordre du jour
Le faux ami, qui m'avait pris ma place...
Au régiment, un seul rev'nait sur trois...
On l' décorait !... on lui donnait un grade !...
Mon n'veu Vergeot eût respecté mes droits...
Mon n'veu, sache-le... n'eût pas volé la croix...
La croix d'honneur d'un camarade !

VERGEOT.

Champein, tu vas rétracter à l'instant...

CHAMPEIN, passant à gauche.

Moi ?... Allons donc !...

VERGEOT *.

Tu m'as insulté !

CHAMPEIN.

Eh bien... eh bien... si je t'ai insulté... est-ce que nous sommes pas deux soldats ?... Nous sommes vieux... mais il a du sang dans nos veines... le bras est bon... il peut encore tenir un sabre...

VERGEOT.

Un duel ?... Oui, oui, après tes paroles, faut nous battre... faut nous battre !...

CHAMPEIN.

Ici, dans dix minutes... retrouvons-nous face à face... comme autrefois... avec nos uniformes de Wagram et de Montereau... Faut en finir, Vergeot !...

VERGEOT.

Tu as raison, Champein, faut en finir !

CHAMPEIN.

Ici, dans dix minutes!

ENSEMBLE.

Air : *Passé de Nichette.*

Vengeance (*bis*)
Pour une telle offense !
Ah ! crains ma fureur !...
Malheur à toi ! malheur !
(Il sort vivement par la droite.)

SCÈNE VIII.

VERGEOT, seul, puis ISIDORE et MARIETTE.

VERGEOT, arpentant le théâtre.

Oh ! oui, j'y serai... Il a raison... faut que ça finisse... faut que l'un de nous deux...

ISIDORE **, paraissant, venant de la gauche.

Eh bien, père Vergeot ?...

VERGEOT, à part.

Isidore ! (Haut.) Ah ! c'est toi, mon garçon ?...

ISIDORE, gaiement.

Il y a du nouveau, pas vrai ?... ça a marché comme sur des roulettes ?... J'en étais sûr...

VERGEOT.

Oui, mon garçon... oui... l'affaire est arrangée...

* Cham. Ver.
** Isid. Ver.

ISIDORE, le regardant.

Qu'est-ce que vous avez donc, père Vergeot?... Vous pâle.

VERGEOT.

Moi?... Je n'ai rien... Qu'est-ce que tu veux que j'aie?

ISIDORE, à part.

Mon oncle aura fait des siennes... Bien sûr, il y a quel chose...

MARIETTE, entrant par la gauche.

Eh bien, mon parrain?... (Elle va à lui.)

VERGEOT, à part *.

Mariette!... Que lui dire?...

ISIDORE, allant à Mariette.

Eh bien, c'est entendu, Mariette, nous nous épousons.. va publier les bans... dans le petit grillage...

MARIETTE, battant des mains.

Vrai?... Ah!... quel bonheur!... Alors, M. Champe donc été gentil?...

VERGEOT.

Charmant!...

ISIDORE, à part.

Il n'a pas bien dit ça.

MARIETTE.

Et moi qui craignais... Oh! j'étais folle... mais je suis contente à présent!... je peux aller reporter mon ouvrag

ISIDORE.

C'est ça, Mariette, allez reporter votre ouvrage.

MARIETTE.

Quel bonheur, mon parrain!... on va publier nos bans

ISIDORE.

Pardine! c'était sûr.

MARIETTE, avec joie.

On va nous mettre dans le petit grillage!...

ENSEMBLE.

Air : *Monsieur va au cercle.*

Plus d'orage,
De nuage!...
Rassurons notre cœur...
Dans notre / votre petit ménage,
Tout nous / vous promet le bonheur!

(Mariette sort joyeusement par la gauche.)

* Isid. Mar. Ver.

SCÈNE IX.

ISIDORE, VERGEOT.

VERGEOT, à part.

Pauvre petite!... pauvre petite!...

ISIDORE.

Voyons, père Vergeot... c'est pas tout ça... nous sommes euls... qu'est-ce qui s'est passé?...

VERGEOT, sèchement.

Rien!... (Il passe à gauche.)

ISIDORE *.

Vous pouvez bien me dire ça... à moi... un soldat... Je conais le point d'honneur!

VERGEOT.

Eh bien... il s'est passé que ton oncle m'a insulté... et que e le tuerai!...

ISIDORE.

Ah bah!..

VERGEOT.

Il m'a reproché... Ah! le malheureux! s'il savait... s'il pouait savoir...

ISIDORE, vivement.

Quoi donc?...

VERGEOT.

Rien... rien... Je le tuerai, vois-tu... je le tuerai!...

CHAMPEIN, en dehors.

Ah çà! quand vous aurez fini de me regarder, imbéiles!.. *

ISIDORE.

Mon oncle!...

VERGEOT.

Lui!... et je ne suis pas prêt!... C'est égal... je ne me ferai as attendre...

ISIDORE, s'attachant à lui.

Ah çà! voyons, père Vergeot...

VERGEOT, le repoussant.

Laisse-moi... laisse-moi!... (Il sort en courant par la gauche.)

ISIDORE, seul un instant.

Hein!.... ces vieux de la vieille, quand ça s'y met... Courtil... court-il!... Hé! père Vergeot... père Vergeot!... (Il se met à sa poursuite.)

* Ver. Isid.

SCÈNE X.

CHAMPEIN, entrant par la droite. Il est en voltigeur de la garde de 1809

Tas de badauds, va!... Ces imbéciles qui me regarden comme un événement... C'est vrai que mon uniforme est u peu étriqué... les manches sont un peu courtes... mais quoi!.. c'est pas une raison pour... Ils ont voyagé ces petits unifor mes-là!...

Air de *Geneviève* (Mademoiselle GARCIN).

Fallait nous voir rangés tous en bataille,
Lorsque les ball's caressaient nos plumets!...
Nos vieux habits allaient à notre taille...
En les voyant, on ne riait jamais.
De nos vêt'ments on a changé les formes...
Habits, soldats, ont bien fait leur devoir.
Ne riez pas de nos vieux uniformes,
Car vous avez si peu d' temps à les voir!
Qui sait demain si vous pourrez les voir!...

Je suis au rendez-vous (Montrant son sabre.) avec mes outils... I n'est pas arrivé, lui... Oh! c'est pas que je doute de lui.. c'est un brave... c'était même un rude lapin. Nous allons don nous alligner.. Ah! mille bédouins de Cosaques!... ça v chauffer... ça va chauffer!... (Entre Isidore par la gauche. — Il e pâle.)

SCÈNE XI.

ISIDORE, CHAMPEIN.

CHAMPEIN, à part.

Allons, bon!... v'là Zidore, maintenant... Faut tâcher de l renvoyer. (Haut.) C'est toi, mon neveu?...

ISIDORE, la voix émue.

Oui!...

CHAMPEIN.

Dis donc, j'ai vu Mariette tout à l'heure... elle m'a d comme ça : « Je vais porter de l'ouvrage rue de Grenelle. Tâchez donc que M. Zidore vienne me chercher...

ISIDORE.

Ah!... rue de Grenelle?...

CHAMPEIN.

Oui, rue de Grenelle... à côté... au Gros-Caillou... T prends la rue Bellechasse... tu tournes à gauche... et, crac e v'là rue de Grenelle!... A moins que tu ne prennes la rue le Varennes, parce qu'alors tu arrives sur les quais... tu onges le...

ISIDORE.

Pourquoi mentez-vous, mon oncle ?...

CHAMPEIN.

Moi ?...

ISIDORE.

Vous voulez que je m'en aille parce que vous attendez I. Vergeot... pour vous battre.

CHAMPEIN, passant à gauche.

Eh bien !... quand ça serait?...

ISIDORE *.

Vous le détestez ?...

CHAMPEIN.

Oui !...

ISIDORE.

Vous le haïssez bien fort ?...

CHAMPEIN.

Oui !

ISIDORE.

Ah !... tant mieux !...

CHAMPEIN.

Pourquoi que tu dis tant mieux ?... (Silence d'Isidore.) Pourquoi que tu dis tant mieux ?...

ISIDORE.

Je dis que c'est tant mieux maintenant, parce que...

CHAMPEIN.

Parce que quoi ?...

ISIDORE.

Parce qu'il ne viendra pas.

CHAMPEIN.

Il ne viendra pas ?... Alors, je veux des excuses!...

ISIDORE.

Des excuses ?... Ah ! tenez, mon oncle, j'aime mieux laisser le soin aux autres de vous dire ça... Adieu ! (Fausse sortie.)

CHAMPEIN.

Isidore !... Ah çà, parleras-tu, à la fin?...

ISIDORE.

Eh bien, quoi ! on peut bien vous le dire, au fait, puisque vous le détestez!... Il y a que, tout à l'heure, le père Vergeot courait pour aller chercher des armes; moi, je courais après lui pour l'empêcher... et, ma foi, le pauvre bonhomme... il est tombé dans un fossé!...

CHAMPEIN.

Il est blessé ?...

* Cham. Isid.

ISIDORE.

Mon oncle, vous m'avez dit que vous le détestiez .. voilà pourquoi je...

CHAMPEIN.

Parle... Il est blessé ?...

ISIDORE.

Mieux que ça.

CHAMPEIN.

Il est ?...

ISIDORE.

Oui.

CHAMPEIN.

Ah !... (*Il passe sa main sur son front et chancelle tout à coup.*)

ISIDORE, *le soutenant.*

Mon oncle !...

CHAMPEIN, *allant s'asseoir sur le banc.*

Quoi !... qu'est-ce que tu as?... qu'est-ce que tu veux ?... On a beau détester un homme... Tu as servi, tu sais ce que c'est... C'était le dernier de la 12e du 24e !... Il y a deux ans, c'était Évrard qu'ouvrait la marche... aujourd'hui, c'est Vergeot... demain, ça sera mon tour de rejoindre les camarades... C'est la vie de ce monde, mon garçon, c'est la vie de ce monde !...

ISIDORE.

Vous ne lui en voulez plus, j'espère ?...

CHAMPEIN, *se levant.*

Si !... il m'a pris ma place !...

ISIDORE.

Oh !... tenez, je comprends qu'on en veuille à un vivant, mais à un pauvre bonhomme qui n'est plus, ça n'est pas bien !... non, ça n'est pas bien !... Savez-vous seulement pourquoi il avait pris votre place ?... Vous étiez blessé au bras gauche...

CHAMPEIN.

Et ben, quoi ?... J'avais l'autre... puisque je les ai encore tous les deux !...

ISIDORE.

Et puis, il s'était dit : « Cette affaire-là, on n'en reviendra pas... Moi, je suis orphelin, tandis que Champein a une sœur qui n'est pas mariée... » ma mère à moi... « Par ainsi, puisqu'il y a des prunes à recevoir, prenons sa place... Il reviendra au pays... il mariera sa sœur... et j'aurai fait une bonne action... » Voilà ce qu'il vous aurait dit, si vous aviez voulu l'écouter... Mais quoi... vous n'avez rien voulu entendre... et lui, par fierté, il n'a plus voulu se justifier, parce qu'il avait la conscience tranquille, et que c'était dur pour lui d'être soupçonné par vous qu'il aimait... comme on aime un frère...

CHAMPEIN.

Il aurait pu m'écrire ça...

ISIDORE.

Oui, mais comme vous ne savez pas lire, ça n'aurait pas servi à grand'chose...

CHAMPEIN.

C'est vrai!... Adieu, Zidore!... (Fausse sortie.)

ISIDORE.

Adieu, mon oncle!...

CHAMPEIN, revenant.

Dis donc, et la petite Mariette... tu vas l'épouser, hein?...

ISIDORE.

Je crois bien!

CHAMPEIN.

Et tu la rendras heureuse, au moins?... Tu ne vas pas courailler et aller au cabaret?...

ISIDORE.

Oh!... mon oncle!...

CHAMPEIN.

Il l'aimait beaucoup, lui!...

ISIDORE.

Qui?...

CHAMPEIN.

Vergeot!... Je te dis que Vergeot aimait beaucoup la petite!...

ISIDORE.

Dame!... c'était sa filleule!... Un brave homme, allez, quoi que vous en disiez!... (Musique douce à l'orchestre.)

CHAMPEIN, se laissant aller sur le banc.

Tous, tous partis!... Qu'est-ce que je fais sur cette terre, moi?... Je vais bientôt rester seul ici... Son jardin... qui est-ce qui le cultivera?... Il l'aimait bien, son petit jardinet... Vergeot... mon pauvre vieux!... (Il joint les mains et tombe peu à peu à genoux.)

ISIDORE, essayant de le relever.

Mon oncle!...

CHAMPEIN.

Laisse-moi... laisse-moi!... Vois-tu, mon garçon, je suis un brutal, tout ce que tu voudras... mais j'ai du cœur et de la religion... Bien souvent, je vais prier sur la tombe des camarades... Je dis comme ça que je n'y vais pas... tu sais... la gloriole... mais j'y vais... Vergeot, j'ai été injuste... Tu étais plus brave et meilleur que moi... Je te demande pardon, mon vieux, je te demande pardon!... (Il pleure.)

SCÈNE XII.

LES MÊMES VERGEOT, en voltigeur de la garde, entrant par la gauche, avec MARIETTE, qui l'amène.

VERGEOT, très-ému *.

Champein ! (Il lui tend les bras.)

CHAMPEIN, se relevant.

Ah ! vivant !...

VERGEOT.

Mais viens donc !

CHAMPEIN.

Ah !... (Il se jette dans les bras de Vergeot.)

MARIETTE.

Allons donc !...

ISIDORE, s'essuyant le front.

Sapristi !... on a du mal avec la Grande-Armée !...

CHAMPEIN, riant, à Isidore.

Ah ! farceur !... je comprends la manœuvre... C'est égal, je ne t'en veux pas !... Dis donc, Vergeot .. Ah ! attends que mette mes gants .. (Il les tire de sa poche.) Vergeot, je te demande la main de ta petite pour mon petit?

VERGEOT, riant.

Ça va !... (Il fait passer Mariette près d'Isidore **.) Mais, dis donc, maintenant que nous voilà raccommodés, tu ne vas plus avoir personne après qui crier...

CHAMPEIN, riant.

Sacrebleu !... c'est vrai... Ah ! si... je crierai après mon neveu.

ISIDORE, gaiement.

Merci, mon oncle !...

CHOEUR.

Air des *Barbettes*.

Plus de haine, plus de querelle !...
Nous voilà (*bis*) réunis !...
Formons une chaîne éternelle,
Et restons (*bis*) bons amis !

CHAMPEIN.

Vergeot !...

VERGEOT.

Champein ?...

CHAMPEIN, lui montrant le public.

Eh ben ?...

* Mar. Ver. Cham. Isid.
** Ver. Cham. Mar. Isid.

VERGEOT, de même.

Quoi?...

CHAMPEIN.

Air de la *Vieille*.

Allons, devant toi je m'efface,
Avance à l'ordre le premier.
VERGEOT, vivement.
Non pas! je te cède la place,
Et je veux parler le dernier.
A toi!
CHAMPEIN.
Non pas, à toi!
MARIETTE, s'interposant.
De grâce,
N'allez pas encor vous brouiller.
ISIDORE.
Faut-il toujours se chamailler?

CHAMPEIN, parlé.

Comment, se chamailler?... Est-ce que je me chamaille?

TOUS, de même.

Non... mais...

CHAMPEIN, de même.

Faut pourtant qu'il y en ait un qui parle avant l'autre!... Ah!... attends... j'ai trouvé!... (Continuant l'air.)

Puisqu'aujourd'hui l'amitié nous rassemble,
Le seul moyen, c'est de parler ensemble.
TOUS DEUX, en se donnant la main.
Puisqu'aujourd'hui l'amitié nous rassemble,
Affrontons le péril ensemble.
Pour les aider jusqu'au bout du chemin,
Aux vieux soldats tendez la main.
CHAMPEIN.
Au bon Vergeot, donnez un coup de main.
VERGEOT.
Ne songez, messieurs, qu'à Champein.
TOUS.
Donnez à tous un coup de main.
CHŒUR REPRISE.
Plus de haine, plus de querelle! etc.

FIN.

LAGNY. — Typogr. de A. VARIGAULT et Cie.

www.ingramcontent.com/pod-product-compliance
Ingram Content Group UK Ltd.
Pitfield, Milton Keynes, MK11 3LW, UK
UKHW020221180726
13838UKWH00005B/2117